Peter P. Pachl

Wagner als Lichtgestalt. Eine Rezension zu Eckart Kröplins Buch "Richard Wagner – Musik aus Licht"

GRIN Verlag

Bibliografische Information der Deutschen Nationalbibliothek:

Die Deutsche Bibliothek verzeichnet diese Publikation in der Deutschen National-
bibliografie; detaillierte bibliografische Daten sind im Internet über http://dnb.d-
nb.de/ abrufbar.

Impressum:

Copyright © 2015 GRIN Verlag GmbH
Druck und Bindung: Books on Demand GmbH, Norderstedt Germany
ISBN: 978-3-656-88103-2

Dieses Buch bei GRIN:

http://www.grin.com/de/e-book/287758/wagner-als-lichtgestalt-eine-rezension-zu-
eckart-kroeplins-buch-richard

GRIN - Your knowledge has value

Der GRIN Verlag publiziert seit 1998 wissenschaftliche Arbeiten von Studenten, Hochschullehrern und anderen Akademikern als eBook und gedrucktes Buch. Die Verlagswebsite www.grin.com ist die ideale Plattform zur Veröffentlichung von Hausarbeiten, Abschlussarbeiten, wissenschaftlichen Aufsätzen, Dissertationen und Fachbüchern.

Wagner als Lichtgestalt

Eckart Kröplins *Richard Wagner – Musik aus Licht, Synästhesien von der Romantik bis zur Moderne, Eine Dokumentardarstellung*

Schon mit seinem ersten, gar nicht so umfangreichen Wagner-Buch, *Richard Wagner Theatralisches Leben und lebendiges Theater*[1], im Jahre 1989, bewies Eckart Kröplin hohe Originalität. In der 194-seitigen Publikation findet der Leser Vieles, was in anderen Wagner-Mono- und Biografien nicht einmal erwähnt wird, beispielsweise den lyrischen Schlagabtausch zwischen Georg Herwegh und Richard Wagner. Und ein deutliches Schlaglicht wirft bereits dieses Buch auf die in der Wagner-Literatur sonst eher unterbelichteten häuslichen (Salon-)Festspiele Wagners in Wahnfried.

Der Autor, bereits in der zweiten Generation Wagner-Schriftsteller[2], hat all jene Gedanken und Forschungen, die er in den zurückliegenden Dezennien, zumeist in Verbindung mit Programmen für Oper und Konzertsaal, insbesondere in den Städten Dresden, Rudolstadt., Plauen und Essen niedergelegt und dramaturgisch umgesetzt oder für eigene Lehrveranstaltungen erarbeitet hatte, konzentrisch um das Thema Richard Wagner in seinem Opus Magnum neu zusammenfließen lassen.

Offenbar hatte der Verlag Königshausen & Neumann ursprünglich nicht mit einem solch enormen Umfang von Kröplins jüngster Veröffentlichung gerechnet. Denn die *Einladung zur Subskription* hatte noch von „ca. 1200 Seiten in zwei Bänden" gesprochen. Wer sich für den Erwerb zum Subskriptionspreis von 98 Euro entschlossen hatte, konnte ein echtes „Schnäppchen" für sich verbuchen, denn der dritte Teil der durchpaginiertem Arbeit ist in zwei separate Bücher gebunden, so dass die Edition nunmehr de facto über 2000 Seiten in vier Bänden umfasst.

Doch nicht allein der Umfang des Materials macht Staunen, viel mehr noch die Qualität der akribisch herangezogenen und aufgearbeiteten Primär- und Sekundärquellen von der frühen Romantik bis zur Gegenwart.

Der blaue Band

Der Antagonismus Tag-Nacht, der in Tristans Fragestellung „Wie, hör' ich das Licht", gipfelt, welche auch auf dem Schutzumschlag der Kröplin-Edition zitiert ist, weist zurück auf Friedrich Hölderlin, dem der erste Teil der Untersuchung Kröplins gilt, verbunden mit dem „elektrischen Taumel" (Brentano) der Französischen Revolution. Unterkapitel des ersten Großkapitels widmen sich u. a. Wilhelm Heinses *Die glückseligen Inseln*, die den jungen Wagner stark beeinflusst haben. In *Ardinghello*, wie in Briefen und Tagebüchern Heinses, stieß Kröplin auf dessen synästhetisierendes „Natur-Bild-Musik-Verständnis". Schiller ist ein eigenes Unterkapitel gewidmet und im abschließenden Unterkapitel verweist Kröplin auf musikalische Strukturen in Hölderlins „Hyperion".

Die nächsten drei Großkapitel des ersten Teils gelten Wackenroder und Tieck, Novalis und Schlegel, Jean Paul, Hoffmann, Kleist, Eichendorff, Heine und Mörike. Motiv-Verwandtschaften und Vorbildfunktion schließen die hier komplett zitierten, "Götterdämmerung" überschriebenen Gedichte von Eichendorff und Heine ein.

Das 5. Großkapitel geht der „Vereinigung der Musik und Mahlerey" bei den bildenden Künstlern Philipp Otto Runge, Caspar David Friedrich und Karl Friedrich Schinkel nach. Wie Kröplin treffend anmerkt, war Schinkel „in seiner frühen Berliner Zeit auch einer der erfolgreichsten Hersteller von Dioramen und Panoramen für ungemein populäre Vorführungen in Vergnügungsetablissements"[3]. Die „Übereinkunft der Farben, Töne und Düfte" geht zurück

[1] Eckart Kröplin, *Richard Wagner – Theatralisches Leben und lebendiges Theater*. VEB Deutscher Verlag für Musik, Leipzig 1989.

[2] Vom Vater Eckart Kröplins stammt u. a. eine in mehreren Auflagen erschienene Wagner- Chronik: Karl-Heinz Kröplin, *Richard Wagner. 1883 – 1883. Eine Chronik*. VEB Deutscher Verlag für Musik, Leipzig 1983.

[3] Eckart Kröplin, *Richard Wagner – Musik aus Licht. Synästhesien von der Romantik bis zur Moderne. Eine Dokumentardarstellung*. Königshausen & Neumann, Würzburg 2011, S. 335.

auf Hoffmann, der – wie Kröplin ausführt – dies „bei Herder aufgefunden haben könnte, welcher über den Zusammenhang von ‚Gesicht und Gehör, Farbe und Wort, Duft und Ton' sinniert hatte."[4]

Im 6. Kapitel, Beethoven – „Musikalische Poesie", unterscheidet der Autor zwischen Hoffmanns Beethoven-Rezeption als Romantiker und jener Wagners, als dem „nach Innen gewendete[n] Auge". Ausführungen zur Farbe bei Schubert und über „Tonbilder aus der verwandten Geisterwelt" bei Weber und Marschner schließen den ersten Band ab, gipfelnd nochmals in der Synästhetik von E. T. A. Hoffmanns *Undine*, im Abdruck von Webers Opernparodie, Untersuchungen zu *Euryanthe* sowie zu Marschners Oeuvre, als „Nachgeburten der Weberschen Opern".

Der rote Band

Dem blauen Band mit Kröplins Ausführungen zu den Wagner-Vorläufern folgt der rot gebundene Mitteilband als Hauptteil, „Richard Wagner Revolution und Regenration." Bereits Wagners frühest aufgeführte Komposition, die *Ouvertüre mit dem Paukenschlag*, löst angesichts der Notation der einzelnen Instrumentengruppen in unterschiedlichen Farben durch den jungen Komponisten Kröplins synästhetischen Ansatz ein, obendrein verbunden mit Wagners Schilderung der Uraufführung im Gewandhaus, welcher ihrerseits Bezug nimmt auf Hoffmann und auf die Traumwelt.

Der Autor widmet sich sodann Wagners in ihrer Ausrichtung stark wechselnder Weber-Rezeption. Die Aufführung der *Trauersinfonie* Wagners nach zwei Motiven von Webers *Euryanthe* als Straßen-Prozession bezeichnet Kröplin als ein „Synästhetikum der besonderen Art"[5], gefolgt vom „Theatermanöver" (RW) des Chorwerkes *Gruß seiner Treuen*, welches für den Autor den Bogen schlägt zu Wagners *Venezianischem Tagebuch* für Mathilde Wesendonk – und auch den Titel seiner Untersuchung einlöst:

"Sehnsuchtsvolle Liebe, sich über den Wassern spiegelnd im Mondlicht, die Geliebte ein ‚langgezogener weicher Geigenton', alles ‚wie ein verhallender Klangestraum', wie eine „sichtbar gebliebene Klangwelt" – Licht aus Musik!"[6]

Die Einführung des nicht rezitativischen Dialogs sei Wagners entscheidender, über Weber hinaus führender Schritt „zur Ausprägung der eigenen Dramaturgie ... indem durch die erhobene Rolle des Orchesters und seiner ‚symphonischen' Fähigkeit für die Rezipienten sich die Synästhesie von Auge und Ohr, von Gesehenem und Gehörten eben erst ermögliche."[7]

Aber „Synästhesie galt für Wagner – nachdem sie, angefangen bei Schelling und den Schlegels, zum reinen Ästhetikum sich eingeschränkt hatte – wieder als Politikum."[8]

Als „wesentliche Momente der neuen Romantik-Dramaturgie bei Wagner" nennt Kröplin „den unüberhörbaren Zeitbezug, den nationalen Charakter, den ‚malerischen' Habitus, den verstärkten Zusammenhalt von Dichtung, Musik und Szene und die aufwühlende psychische Wirkung des Ganzen"[9].

Eduard Devrients Tagebucheintragungen dokumentieren für Kröplin „in deutlichster Weise den Zusammenhang von politischem und künstlerischem Tun und Streben"[10] als seinem Abschied von der Romantischen Oper.

Treffend deutet Kröplin Wagners *Das Liebesmahl der Apostel* als einen Beitrag zum „unterschwellig gärende[n] politische[n] Leben des ‚Vormärz"[11].

---

[4] Eckart Kröplin, *Synästhesien*, S. 341.
[5] Eckart Kröplin, *Synästhesien*, S. 513.
[6] Eckart Kröplin, *Synästhesien*, S. 518.
[7] Eckart Kröplin, *Synästhesien*, S. 520-521.
[8] Eckart Kröplin, *Synästhesien*, S. 521.
[9] Eckart Kröplin, *Synästhesien*, S. 523.
[10] Eckart Kröplin, *Synästhesien*, S. 535.
[11] Eckart Kröplin, *Synästhesien*, S. 538.

Der Autor untersucht Schumanns *Genoveva* versus *Lohengrin*. Auf Synästhesien verweist er auch bei Mendelssohn, den Wagner mit der Komposition des *Festgesangs zur Denkmals-Enthüllung für Friedrich August I.*, „Stimmt an den Sang", im Erfolg entscheiden zu überbieten vermocht hat. Kröplin zitiert wechselnde Einstellungen zu dem revolutionsfeindlichen Mendelssohn in diversen Schriften Wagners – auch in *Über das Judentum in der Musik* – sowie Wagners (vornehmlich positive) Äußerungen gegenüber Cosima und kommt zu dem Schluss, dass sich Wagner den „unübersehbar hervortretenden synästhetischen Reize in dessen musikalischen Werken doch nicht entziehen"[12] konnte.

Wagners Probleme mit Hegels *Phänomenologie des Geistes* führen den Autor zu Richard Wagners Ablehnung von Kant und Hegel in seinem Revolutionsgedicht *Die Not*, als einem „sozialrevolutionären Befreiungsakt". Bevor Kröplin sich im abschließenden letzten Unterkapitel, „Politische Romantik" – „Ästhetisierung der Revolution", ausführlich mit Udo Bermbachs Schriften auseinandersetzt, beleuchtet der Autor Wagners Korrespondenz mit Feuerbach und kommt zu dem Schluss, „Wagners verblüffend einfache Formel" sei: „Synästhesie der vereinigten Künste ist deren Befreiung aus dem ‚Egoismus' in den ‚Kommunismus'"[13].

Kröplins zehntes Großkapitel gilt der Programmmusik. Ausführlich beleuchtet er Wagners Berlioz-Rezeption und die kritischen und Unverständnis bezeugenden Reaktionen von Berlioz gegenüber Wagners Werken. Ausgiebig analysiert der Autor Berlioz' Kompositionen und kehrt dabei den Aspekt der „Poesie als entzündende[m] Initial für Musik"[14] hervor und lässt auch Berlioz' Kontroverse mit Heine nicht unbeachtet. Schlaglichtern auf Franz Liszts Aufsätze über Wagners Opern, mit ihren „immer wieder zu synästhetischen Vergleichen greifenden Beschreibungen"[15] folgt als Zwischenkapitel eine Betrachtung über Wagners „Männerfreundschaften", die der Komponist selbst als „Liebesverhältnisse" bezeichnet hat. Damit nimmt Kröplin eine bewusste Gegenposition zu Martin Gregor-Dellin ein. Ausführlich zitiert er die überschwänglichen Liebesbezeugungen in Wagers Briefen an Theodor Apel, gefolgt von der „ekstatisch-'wollüstige'[n]" (gleich drei-mal apostrophiert[en]) Liebesadresse[16] an Franz Liszt, und den Liebesbeteuerungen gegenüber König Ludwig II. Anhand mehrerer Beispiele verweist Kröplin auf Wagners „Traumphantasien, die, aus dem Unterbewussten aufsteigend, ihm nun, fast erschreckend, mehr Homoerotisches über sich selbst mitteilten, als er sich ansonsten bewusst war, und er, indem er dieserart Träume wie einen Scherz Cosima mitteilte, zu verdrängen suchte."[17] Wagner äußert sich deutlich, bis hin zum „Freundschafts-Erguß". Kröplin zitiert in diesem Zusammenhang auch Hugo Wolfs Tagebuch, welches den Traum einer intimen Begegnung mit Wagner widerspiegelt, und er zitiert auch aus Franz Werfels Wagner-Roman, vernachlässigt aber Peter Cornelius, dem Wagner realiter angeboten hatte, mit ihm als Mann und Frau zusammen zu leben und ihm am 9. Januar 1862 schrieb: „Versteh' mich recht. Du treibst, was Du kannst, und ich tu's; aber immer wie zwei Menschen, die eigentlich, wie ein Ehepaar zusammen gehören."[18]

Wagners Aufsatz *Oper und Drama* deutet Kröplin als „Gegenstück zu Liszts *Lohengrin*-Aufsatz"[19]. Ausführlich belegt er Wagners intensiven, kritischen Gedankenaustausch mit Liszt, anlässlich dessen dann Wagner gewidmeter *Dante-Sinfonie*. Als Gegensatz beider Komponisten arbeitet Kröplin heraus:

> „Liszts Programmmusik-Verständnis hob ab auf ein eigenständiges, neues synästhetisches Genre zwischen Instrumentalmusik und Musikdrama, während Wagner doch über Instrumentalmusik und Programmmusik, über absolute und poetische Musik einzig hin zum musikdramatischen ‚Gesamtkunstwerk' strebte."[20] (711)

---

[12] Eckart Kröplin, *Synästhesien*, S. 575.
[13] Eckart Kröplin, *Synästhesien*, S. 597.
[14] Eckart Kröplin, *Synästhesien*, S. 641.
[15] Eckart Kröplin, *Synästhesien*, S. 666.
[16] Eckart Kröplin, *Synästhesien*, S. 675.
[17] Eckart Kröplin, *Synästhesien*, S. 680.
[18] Richard Wagner, *Sämtliche Briefe*, Bd. 14, hrsg. von Andreas Mielke, Breitkopf und Härtel, Wiesbaden 2002, S. 43.
[19] Eckart Kröplin, *Synästhesien*, S. 686.
[20] Eckart Kröplin, *Synästhesien*, S. 711.

Im Zusammenhang mit Liszts Oeuvre ausführlich thematisiert wird Wagners Idee, nach Fertigstellung des *Ring* thematische Sinfonien, unter dem Titel *Symphonische Dialoge*, zu komponieren, wozu sich einige wenige musikalische Skizzen, etwa zu *Romeo und Julie* und *Tristan als Held* erhalten haben.

Kröplins 11. Groß-Kapitel widmet sich „Wagners Farben", sowohl in den szenischen Angaben zu seinen Bühnenwerken („Alles durch rosiges Licht erleuchtet") und in der Entsprechung klanglicher Vorstellungen, wie auch in Wagners Vorliebe für Stoffe in Violett und Lila, seiner Psychologie und Privatsphäre, die auch Ersatzobjekte für abwesende Freundinnen einschloss ("für meine Chaiselongue möchte ich eine wunderschöne, ganz unerhörte Decke, die ich ‚Judith' nennen werde."[21])

Wagners revolutionäre Bestrebungen werden beleuchtet in einem Kapitel, das mit einem Zitat aus einem Brief Wagners an Theodor Uhlig überschrieben ist, „Rot, mein Freund, ist meine Theorie".[22]

Kröplins Untersuchung der Farbdramaturgie führt ihn zurück zu Tieck und Novalis, von denen sich eine „Fülle stofflicher Motive" in Wagners „Venusbergdramaturgie (zumal in der Pariser Version) wiederfinden".[23] Zur Kunst der Klangmischung zitiert Kröplin aus den Lebenserinnerungen des Komponisten Wendelin Weißheimer dessen Erlebnis seiner ersten *Tannhäuser*-Aufführung als 15-jähriger. Im Gegensatz zu den Orchesterfarben des Venusbergs wurde „viele blaue Musik" im *Lohengrin* rezipiert., aber auch als „Leitfarbe der neuen und so sehr von Musik (auch der Wagners) inspirierte[n] Malerei um 1900"[24] hervorgehoben. Die nächsten Unterkapitel grenzen das „Glührot der aufgehenden Sonne" in *Der fliegende Holländer*[25]ab gegen das Rot der *Götterdämmerung*, auch im Zusammenhang mit Wagners Erlebnissen bei seinen Alpenwanderungen. Bei den „Farben des *Parsifal* nimmt Kröplin primär Bezug auf Wagners Aufsatz *Wollen wir hoffen?* und seiner eigenen Benennung der *Parsifal*-Grundfarben mit Rot, Blau und Grün; dabei streift Kröplin auch die Raum-Zeit-Philosophie. Im Unterkapitel „Physiologie und Psychologie der Tonempfindungen" setzt sich der Autor auseinander mit der 1863 erschienenen „Lehre von den Tonempfindungen als physiologische Grundlage für die Theorie der Musik" von Hermann von Helmholtz, dessen Namen Wagner in seinem Gedicht *Grün wäre alle Theorie?* alludiert.

Am Ende des neunteiligen, 11. Großkapitels verweist Kröplin auf Wagners „Doppelstrategie", die „tatsächlich Malfarben in genau abgestimmten Nuancierungen als unabdingbaren Bestandteil der klingenden Partitur" einsetzt und sie im Verlauf seines Oeuvres „in immer neuen Zuordnungen, auf die Trias von Rot-Gelb, Grün und Blau-Violett" konzentriert, aber zur Färbung auch „klangliche Prozesse ... durch rein akustisch-musikalische Mittel in Harmonie und Instrumentation"[26] einsetzt.

Das 12. Kapitel, „Wagner und die Malerei" geht der Frage der Idee des Gesamtkunstwerks nach. Kröplin untersucht als Erster die konkrete Anregung durch die von Wagner benannten Initiatoren Goethe, Heinse und Platon. Schlüssig und in Breite zitiert er die direkten, nicht nur gedanklichen, sondern auch textlichen Vorgaben Heinses, welche sich in Wagners Formulierungen wiederfinden. Dabei beruft sich Heinse im *Ardinghello*, wie dann auch Wagner selbst, auf Platon. „Was dort Philosophie ist, ist hier Musik". Wagners „Eigenleistung" liege in der „rigorosen Systematisierung" der bei Heinse „in poetischer Paraphrase ganz zerstreut und häufig nur in Andeutungen vorgetragenen thematischen Vielgestaltigkeit, in der bezwingenden Art, alles in eine Richtung mit einer einzigen Zielstellung auszubauen, und in der radikalen sozialrevolutionären Konditionierung des Ganzen".[27]

---

[21] Richard Wagner, *Briefe an Judith Gautier*, hrsg. von Willi Schuh, Erlenbach- Zürich/Leipzig 1936,148 -149.
[22] Eckart Kröplin, *Synästhesien*, S. 758.
[23] Eckart Kröplin, *Synästhesien*, S. 770.
[24] Eckart Kröplin, *Synästhesien*, S. 787.
[25] Eckart Kröplin, *Synästhesien*, S. 788.
[26] Eckart Kröplin, *Synästhesien*, S. 835.
[27] Eckart Kröplin, *Synästhesien*, S. 857.

Gleichwohl schätzte Wagner die Einzelkünste durchaus als Relikte vergangener Zeiten und schlug für sich den Bogen von Tizians *Assunta* zu „Isoldes Liebes-Verklärung"[28]. Kröplin untersucht die initiale Bedeutung der Nibelungen-Bilder von Wagners älteren Maler-Zeitgenossen Cornelius und Schnorr von Carolsfeld, wie auch Wagners Haltung zu Schwind, Richter und Preller. Aber „so viel Nähe Wagner zeitweilig zu den Zeitgenössischen Spätromantikern gesucht und auch gespürt" habe, die „in den Historismus zielende Entwicklung der Malerei konnte und wollte Wagner nicht als seinem Kunststreben adäquate Ästhetik annehmen"[29]. Hingegen sieht Kröplin den Maler Eugène Delacroix als den „Nächstverwandte[n] Wagners", obgleich es offenbar sogar 1860 in Paris zu keinem Kontakt der beiden Künstler gekommen sei. Auch Anselm Feuerbach wird hinsichtlich offenkundiger Affinität einer Untersuchung unterzogen, und Arnold Böcklin, den Wagner sich vergeblich bemühte, als Bühnenausstatter für Bayreuth zu gewinnen. Kröplin spannt dann den Bogen über Hans Thoma, der von Wagners Witwe den Auftrag erhielt, für die Wiederaufnahme des *Ring* im Jahre 1896 die Kostüme zu entwerfen, bis zu dessen Schwiegersohn Henry Thode, der „Wagners Ausführungen zu den ‚Schwesterkünsten' in *Oper und Drama* und anderswo" nicht achtend, in seinen Vorträgen „ganz retrospektiv" versucht habe, „die Unvereinbarkeit der Künste als ästhetische Prämisse zu zementieren" und der so sein „nationalkonservatives Idealbild" gefunden habe.[30] Auch die Begegnungen Wagners mit Makart in dessen Wiener Atelier, jene mit Lenbach in München und in Bayreuth und die mit Renoir in Palermo finden Beachtung.

Für seine Untersuchung zieht Kröplin auch Wagners karikaturistische Selbstbildnisse (1858, 1863 und – nicht verifiziert – 1879, auf dem Deckblatt des Entwurfs des offenen Briefes gegen die Vivisektion) mit heran, wie auch Wagners Bühnenskizzen für die Uraufführung des *Lohengrin*. Das zehnte Unterkapitel widmet sich der Malerei für die Bühne. Für die Bayreuther Uraufführung des *Ring des Nibelungen* wirkten der Wiener Historienmaler Josef Hoffmann und – nach dessen Ausscheiden – der Berliner Maler Carl Emil Doepler, mit denen sich „die entscheidende ästhetische Gratwanderung mit der ‚Malerei im Dienste der Bühne' als nicht realisierbar" erwies: „Die gesuchte Synästhesie im Mythologischen fand nicht statt."[31]

Adolphe Appia, dem das nächste Unterkapitel gewidmet ist, bemühte sich vergeblich, von Cosima Wagner als Mitarbeiter für die Szene in Bayreuth akzeptiert zu werden, konnte seine Visionen dann aber teilweise an anderen Theatern realisieren. Seinen Kunstentwurf wertet Kröplin als „Anti-Positivismus":

> „Appia versuchte Wagners illusionistische Theatralität der Bayreuther Kunstausübung gewissermaßen vom Kopf auf die Füße zu stellen, d. h. auf den anti-positivistischen Grundsatz von dessen synästhetischer Kunstkonzeption zurückzuführen bzw. sie in dieser Beleuchtung, in diesem ‚Licht' erst kenntlich zu machen."[32]

Das 13. Großkapitel, „Von Schopenhauer zu Nietzsche", bringt Ausführungen zu Wagners Schopenhauer-Rezeption und spannt den Bogen bis zu Kierkegaards „Stadien". Kröplin vergisst dabei nicht, Schopenhauers Farbenlehre – im Gegensatz zu der jener von Goethe – zu berücksichtigen. Dem schier unerschöpflichen Thema Wagner – Nietzsche widmen sich die nachfolgenden Unterkapitel, gipfelnd in Kröplins Ausführungen zum „‚Schauspieler' Wagner": Dem Wunsche, seine Rollen selbst zu verkörpern, habe „ein später Widerruf, wohl das eigene Unvermögen erkennend, entgegen" gestanden. „Ging das also nicht auf dem Theater, so fand es eben im Leben statt."[33] Wagners eigene Vorträge seiner Werke definiert Kröplin als „Wagner-Theater".[34]

Wagners „nach innen gewendete[m] Auge" stellt Kröplin Nietzsches Äußerungen zum „dritten Auge" und zum „dritten Ohr" gegenüber[35] und definiert dann ein „Miteinander und Ineinander von ‚Hörwelt' und ‚Schauwelt'" als „eine Konstituante in Nietzsches synästhetischem

---

[28] Ebenda.
[29] Eckart Kröplin, *Synästhesien*, S. 876.
[30] Eckart Kröplin, *Synästhesien*, S. 902.
[31] Eckart Kröplin, *Synästhesien*, S. 918.
[32] Eckart Kröplin, *Synästhesien*, S. 945.
[33] Eckart Kröplin, *Synästhesien*, S. 992.
[34] Eckart Kröplin, *Synästhesien*, S. 995.
[35] Eckart Kröplin, *Synästhesien*, S. 999.

Grundverständnis".[36] Ein „sich wandelndes Synästhesieverständnis" sei bei Nietzsche im Spiegel des „Paradigmenwechsels von der Romantik zu einer – vermeintlich – neuen Klassizität" zu konstatieren.[37] Ein Unterkapitel gilt Edgar Allan Poe und der „ immer wieder auf Synästhesie hindrängende[n] Interpretation der Poeschen Dichtungen durch Baudelaire".[38] In der „Farbendramaturgie seiner Novellen"[39] liegt wohl auch die Nähe zu musikdramatischen Realisierungen – aber vielleicht auch dazu, dass diese unvollendet geblieben sind, wie *Der Untergang des Hauses Usher* durch Debussy, und *Der rote Tod* durch Franz Schreker. Kröplin verweist auf eine „Wahlverwandtschaft" Wagners zu Poe, gestützt auch durch einen Ausspruch des Komponisten, wenige Wochen vor seinem Tod.

Das 14. Großkapital widmet sich den „Künstliche[n] Paradiese[n]", mit Baudelaire, als einer weiteren Wahlverwandtschaft Wagners und streift auch weitere französische Freunde, wie den Schriftsteller Jules Champfleury und den Sympathisanten Gustave Courbet.

In seinen Ausführungen zu Debussy verweist Kröplin auf die „außergewöhnliche Stellung, die Wagner und sein auf Synästhesie zielendes ‚Gesamtkunstwerk' für Debussy einnahm", welche „Faszination und Verweigerung gleichermaßen in sich barg."[40]

Das Kapitel „Peinture Wagnérienne" bei französischen Malern, wie Gustave Doré, Eugène Delacroix, Henri Fantin-Latou und der Wagner-Nachwirkung bei Odilon Redon, Paul Cézanne, Paul Gauguin und Vincent van Gogh, führt den Autor zur Literatur, zur „Revue Wagnérienne" und den „Paradiesen" der Symbolisten, aber auch zu und Max Klinger und über diesen zu Johannes Brahms, zu Wagners Kontakten mit und Vorbehalten gegen diesen Kollegen. Der von Brahms in übelster Weise geschmähte Anton Bruckner bietet für Kröplin ein dankbares Untersuchungsfeld hinsichtlich seiner Sinfonien und ihrer Synästhesien. Doch Kröplin kommt zu dem Schluss:

> „Das Verhältnis Wagner-Bruckner war ein schöner Schein, eine große Illusion, doch ein eklatantes historisches Missverständnis. Beider Kunstauffassung und auch Synästhesieverständnis lagen diametral auseinander. Was Bruckner dennoch an devoter Ehrerbietung aufbrachte, erwiderte Wagner mit herablassender Nichtachtung. Und ein grotesker Traum war für Wagner das letzte Aufleuchten dieser Nicht-Beziehung."[41]

Anhand der Selbstzeugnisse Wagners geht Kröplin der Frage nach, ob Wagner „Augenmensch" oder „Ohrenmensch" war und konstatiert für Wagner auch einen „Paradigmenwechsel der Synästhesie":

> „Nur das ‚innere Auge' schaut Gehörtes, das keiner Realität mehr unterworfen ist – ein ‚künstliches Paradies' eröffnet sich mit dem ‚unsichtbaren Theater' und dem ‚unhörbaren Orchester'. ‚Tönendes Schweigen' ist als ‚Licht' zu hören, Musik gerinnt zu einer ‚sichtbar gebliebenen Klangwelt', das ‚Unhörbare' und das ‚Unsichtbare' verheißen einen Gefühlszustand der Glückseligkeit."[42]

In einer Betrachtung über „Zusammenhang der Lokalitäten mit den Motiven", die dieses Großkapitel und damit auch den Hauptband abschließt, heißt es:

> „Synästhesie, d. h. die als ein ‚wahrtraumhaftes Abbild' künstlerisch aufscheinende Hoffnung einer Gegenwelt, eines ‚Paradis artificiel' [das] Gefühl der ‚Weltentrückung' ... der Entfremdung gegenüber der Misere-Realität der Gegenwart, habe ... einen merkbaren Schub in der sozialpolitischen Sensibilität des Kunstrezipienten hervorgerufen."[43]

Der grüne Band, Teil 1

„Die Revolution der Moderne" ist der dritte Teil von Kröplins Abhandlung überschrieben. Zunächst widmet sich der Autor Gustav Mahler – als Komponist, wie als Realisator Wagnerscher Bühnenwerke. Besonderes Augenmerk schenkt der Autor den Synästhesien bei Mahlers *Sinfonie Nr. 3* und dem gemeinsam mit Alfred Roller geschaffenen *Tristan* – „in Farbensinfonien".

---

[36] Eckart Kröplin, *Synästhesien*, S. 1003.
[37] Eckart Kröplin, *Synästhesien*, S. 1013.
[38] Eckart Kröplin, *Synästhesien*, S. 1024.
[39] Eckart Kröplin, *Synästhesien*, S. 1025.
[40] Eckart Kröplin, *Synästhesien*, S. 1068.
[41] Eckart Kröplin, *Synästhesien*, S. 1124.
[42] Eckart Kröplin, *Synästhesien*, S. 1144.
[43] Eckart Kröplin, *Synästhesien*, S. 1152.

Richard Strauss, den Norman Lebrecht in seiner Mahler-Monographie als „Monet der Musik" klassifiziert und der auch in der übrigen Strauss-Literatur gern mit Farbcharakteristiken belegt wird, habe in *Salome* und *Elektra* „tatsächlich Grenzregionen zur musikalischen Moderne des 20. Jahrhunderts betreten – man denke an bitonale, ja gelegentlich die Atonalität streifende Passagen, an die ‚Nervencontrapunktik', auch an die synästhetisch hypertrophen instrumentalen und harmonischen Farbeffekte".[44] Dann aber habe sein „Rücktritt von der Moderne" stattgefunden, und „trotz aller Neutönerei verblieb Strauss letztlich und grundsätzlich im Rahmen tradierter Tonalität."[45]

Ein eigenes Kapitel widmet Kröplin dem Komponisten Siegfried Wagner, der „mit seinen zahlreichen Opern in erheblichem Maße die Kunstszene um die Jahrhundertwende mitbestimmt, Opern, deren poetische, klangliche und visuelle Eigenheiten einen ganz selbständigen Beitrag zu synästhetischen Entwicklungen in jener Zeit darstellten und die, eben auch aus diesen Gründen, in den letzten Jahrzehnten wieder zunehmend in den Fokus öffentlichen Kunstinteresses gerieten."[46]

Ulrich Schreibers knapp dreiseitiger Betrachtung dieses Komponisten und dessen „Formulierung von ‚durchschlagender Harmlosigkeit'" tritt Kröplin mit gewichtigen Argumenten entgegen:
Siegfried Wagner habe „in Harmonik und Melodiebildung ... neueste Entwicklungen" aufgegriffen, „bis hin zu impressionistischen und auch, an der Grenze zur Atonalität und Zwölftonmusik stehenden, expressionistischen Klangcharakteristika. In einem späten Werk ... tauchen 1922 beispielsweise, zeitgleich zu Schönbergs dodekaphonischen Studien, zwölftönig geprägte, panchromatische Strukturen auf. Und die synästhetischen Komponenten seiner Partituren in ihren poetischen und malerisch-farblichen Dimensionen zielten in oftmals bestürzender Weise auf sozialpsychologische Probleme und Wirrnisse seiner Zeit. Der Volksoperncharakter des *Bärenhäuter* verlor sich zunehmend, wurde verdrängt von Elementen tiefenpsychologischer Abgründigkeit und märchenhafter Abseitigkeit. Die Themen seiner Opern entsprachen immer weniger der Mode der Zeit, und die Musik hob ab in Regionen des Irrationalen, in Bereiche harmonischer Gebrochenheit und schillernder Vieldeutigkeit."[47]
Wie Gustav Mahler, so sei auch Siegfried Wagner „ein ‚Unzeitgemäßer', dem zu Lebzeiten große Publikumserfolge selten beschieden waren":
„Der frühe große Erfolg mit dem *Bärenhäuter* (den auch Mahler wenige Wochen nach der Uraufführung an der Wiener Hofoper inszenierte und dirigierte) verringerte sich bei jedem nachfolgenden Werk. Die Erfolgsquote tendierte entgegengesetzt zur wachsenden künstlerischen Eigenständigkeit des Komponisten, die sich mehr und mehr als Querständigkeit gegenüber einfacher Popularitätshascherei offenbarte."[48]
Siegfried Wagners Oper *Schwarzschwanenreich* klassifiziert Kröplin als „ein schmerzvoll klingendes Menetekel der Zeit. Musik und Märchensujet gerieten hier in ihrer Symbolik zum unerwarteten Gleichnis auf das Zeitgeschehen."[49] Kröplin attestiert Siegfried Wagners Synästhesien Mehrdimensionalität. In seinen Opern herrsche eine „Augen-Dramaturgie", als ein „Phänomen des Augenmenschen, die psychische Fähigkeit also, sich durch das Auge mitzuteilen, gar beherrschend auf Andere zu wirken"[50] und – mit Bezug zu Sigmund Freuds 1899 erschienene „Traumdeutung" – eine „Traum-Dramaturgie"[51].

In Siegfried Wagners Partituren seien „bestimmte Harmonien und Melodien zu einer Metaphorik verwoben, die sich in stets verändertem Farbenspiel (instrumentatorische, dynamische und chromatische Abwandlungen) als synästhetisches Zeichensystem von Siegfried Wagners Klangwelt zu erkennen geben. In dieser so sich darstellenden Tonarten- und

---

[44] Eckart Kröplin, *Synästhesien*, S. 1201.
[45] Eckart Kröplin, *Synästhesien*, S. 1202.
[46] Eckart Kröplin, *Synästhesien*, S. 1214.
[47] Eckart Kröplin, *Synästhesien*, S. 1216.
[48] Eckart Kröplin, *Synästhesien*, S. 1217.
[49] Eckart Kröplin, *Synästhesien*, S. 1218.
[50] Eckart Kröplin, *Synästhesien*, S. 1222.
[51] Eckart Kröplin, *Synästhesien*, S. 1224.

Klangsymbolik kann man mit Fug und Recht auch einen ganz persönlichen, biographisch bestimmten Zug aufspüren. Der jovial und weltbürgerlich nach außen hin sich immer wieder präsentierende Komponist verbarg und enthüllte zugleich in der Doppelbödigkeit und Abgründigkeit seiner Partituren doch auch eine Nachtseite seiner eigenen Natur, deren Geheimhaltung einerseits und Offenlegung andererseits nur so in der gebotenen Sensibilität und Zurückhaltung möglich war."[52]

Kröplin kommt somit zu dem Schluss:

> „Zwölftönige Thematisierungen wie Liszt sie in seiner *Faust-Sinfonie* angewandt hatte und wie sie auch Strauss dann im *Zarathustra* ausprobierte, wurden für Siegfried Wagner zu einem, seit der *Sehnsucht*, immer auffälligeren Stilmerkmal, das schließlich in *Rainulf und Adelasia* ... zeitgleich mit der Ausprägung der Dodekaphonie bei Arnold Schönberg – in fast schon dominanter Weise hervortrat."

Auch wenn dieser „Synästhesie ,über Raum und Zeit hinweg' als ,Traumgebäude' zu Lebzeiten des Komponisten ... folgenreiche Wirkung verwehrt" geblieben sei, so sei „heutzutage dahin um so mehr ein unverstellter Zugang möglich, gerade auch wegen der so sich darstellenden großen Illusion (die doch als Vision zugleich verstanden sein wollte), Harmonien aus ,grellen Disharmonien' zu gewinnen."[53]

Ein weiteres, umfangreiches Kapitel widmet Kröplin Franz Schreker und dessen künstlerischer Herkunft von und Abgrenzung zu Wagner, „fehlgewertet als eine Erscheinung zwischen allen Fronten, letztlich unentschieden zwischen ,Radikal-Moderne' und ,chromatischem Wagner-Reservoir'".[54]

Synästhesien beherrschen Schrekers Szene, insbesondere in den *Gezeichneten*, in deren Dramaturgie Farben zu Klängen gerinnen. Zu ergänzen wäre hier, dass Schreker sein Libretto zu dieser Oper ursprünglich für Alexander Zemlinsky geschrieben hatte, der von seinen Zeitgenossen aufgrund seiner Statur gerne selbst als *Zwerg* wahrgenommen wurde und diese Thematik daher in einer eigenen Oper behandeln wollte und schließlich auch dien gleichnamige Oper nach Oscar Wildes *Geburtstag der Infantin* komponierte.

Kröplin zieht den Briefwechsel Franz Schrelkers mit Paul Bekker heran und zitiert auch ausführlich Aufsatztexte Schrekers. Adorno habe zwar „verdienstvoll die Aufmerksamkeit wieder auf Schreker" gelenkt, „sich dabei aber derart in der eigenen Dialektik verwirrend" verfangen, „und damit das Bild Schrekers eher noch verschwimmender und ungreifbarer werden" lassen, wohingegen „die jüngere Musikwissenschaft objektiver und zugreifbarer auf Schreker" reagiert habe.[55]

Den Komponisten Hans Pfitzner untersucht Kröplin musikologisch, aber auch ideologiekritisch, im Blick auf dessen Aufsätze *Futuristengefahr* und *Ästhetik der musikalischen Impotenz,* und er berücksichtigt dabei auch Alban Bergs Aufsatz *Die musikalische Impotenz der „Neuen Ästhetik" Hans Pfitzners".* Kröplin bringt es auf den Punkt:

> „Die Pfitznerschen Polemiken machen – weitaus mehr als seine Musik – auf einen eklatanten ästhetischen Anachronismus aufmerksam. Für Pfitzner war Musik nur retrospektivisch und mystifiziert denkbar. Hatten die frühen Romantiker versucht, synästhetisches Kunstbegreifen ganz rational in poetologischer und philosophischer Weise zu begründen, war eine solche Haltung in der Hochromantik, etwa bei Wagner, auch immer ein Mittel, um durch die Kunst in umfassender Weise sozialrevolutionär bzw. sozialreformerisch zu wirken, so galt Synästhesie für Pfitzner nun, spätromantisch abgehoben, allein für ein isoliertes, realitätsfernes Kunstleben. Die wirkungsstrategischen Vorzeichen von Synästhesie waren, wenn schon nicht ins Gegenteil verkehrt, so doch entscheidend vereinseitigt."[56]

Ausgehend von dem durch Pfitzner attackierten „Entwurf einer neuen Ästhetik der Tonkunst" aus der Feder von Ferrucio Busoni, beschreitet Kröplin in seinem 16. Kapitel „Wege in die Moderne". Busoni habe in seinen eigenen Opernwerken – *Die Brautwahl* (1912), *Arlecchino* (1917), *Turandot* (1917) und *Doktor Faust* (1925) – „ein ganz eigengeprägtes Synästhesieverständnis" realisiert, „das darüber hinaus auch deutlich wurde bei zwei nicht ausgeführten Projekten für die

---

[52] Eckart Kröplin, *Synästhesien,* S. 1233.
[53] Eckart Kröplin, *Synästhesien,* S. 1234.
[54] Eckart Kröplin, *Synästhesien,* S. 1240.
[55] Eckart Kröplin, *Synästhesien,* S. 1249.
[56] Eckart Kröplin, *Synästhesien,* S. 1262-1293.

Musikbühne."[57] Damit schlägt Kröplin den Bogen zu Wassily Kandinskys gleichzeitig entworfenen „Bühnenkompositionen".

Schönbergs klangliche Herkunft von Wagner ist unbestritten. Der erstmals in seiner *Harmonielehre* (1911) verwendete Begriff der „Klangfarbenmelodie" begründet einen Zusammenhang von Klang und Farbe – übrigens fußend auf Hans Pfitzners Praxis im Vorspiel zu *Die Rose vom Liebesgarten* – ohne dabei eine „direkte, gar feststehende Synästhesie von Ton und Farbe" für sich zu erkennen.[58] Kröplin verweist auf die Deutungsunterschiede in Opus 16 bei Dahlhaus und Boulez. Im Zusammenhang mit dem Musikdrama *Die glückliche Hand* konstatiert Kröplin auch bei Schönberg „eine Art ‚Augen-Dramaturgie', ... ‚Gesten, Farben und Licht' werden behandelt wie ‚Töne' – eine ‚Gesamtkunstwerk'-Strategie", durchaus mit Bezug zum *Ring des Nibelungen*.[59]

Schlüssig stellt Kröplin Joseph Matthias Hauers andere Form von Zwölftonmusik dar und verweist auf Johannes Itten, dessen Gedankenmodell synästhetischer künstlerischer Beziehungen er ebenso wiedergibt, wie Lyrik dieses Malers.

Alban Bergs Widmungsgedicht der *Lulu* an Schönberg findet sich im nächsten Unterkapitel, in dem auch Bergs Bayreuthbesuch Erwähnung findet. Kröplin stößt auch bei Berg, wie dann auch bei Webern, auf „Augen-Dramaturgie" und in Anton von Weberns George-Liedern auf „Wagnersche Chromatik und schwebende ‚Tristan'-Harmonik"[60]. Webern habe Goethes Farbenlehre als „das großartigste Buch aller Zeiten" bezeichnet, und der reife Webern habe auch wiederholt auf das Wagnersche Vorbild hingewiesen.

Im nachfolgenden Unterkapitel verweist Kröplin auf den Farbenkreis der Türen in Béla Bartóks Oper *Herzog Blaubarts Burg* und belegt mit Beispielen aus dem *1.* und *2. Klavierkonzert* und dem dritten Satz der *Musik für Saiteninstrumente, Schlagzeug und Celesta* (1936) Bartóks Annäherung an Schönbergs Zwölftonmusik". Ausführliche Zitate von Karol Szymanowski belegen dessen „geistig weitgreifende und universale Ästhetik, wie kaum ein anderer seiner Zeitgenossen sie zu formulieren vermochte".[61] Mit der Wiedergabe eines Gedichts dieses Komponisten als „musikalisch schwingende ... synästhetische Poesie" gibt Kröplin Einblick „in Szymanowskis Doppelbegabung als Musiker und Dichter".[62]

Igor Strawinsky, dessen Bayreuthbesuch im Jahre 1912 nicht unerwähnt bleibt, erlebt der Leser als Freund Pablo Picassos und in der künstlerischen Partnerschaft mit Jean Cocteau. Adornos exemplarische Kritik an der Schönberg-Schule lässt Kröplin nicht unbeachtet und konstatiert in Adornos revidiertem Urteil über Strawinsky die Synästhesie der Künste:

„Adorno galt sie als im Grunde zu negierendes Mal der Zeit, war aber doch vielmehr sein eigenes Problem, das er in aller an Hegel geschulten Dialektik nicht aufzulösen oder aufzuheben vermochte und in dem ihm – wie Busoni, dem Schönberg-Kreis oder Strawinsky – auch immer wieder und letztlich unbewältigt der übermächtige Schatten Wagners gegenübertrat."[63]

Im neunten Unterkapitel als „Nachsatz" kommt der Autor auf Bert Brecht zu sprechen. Dessen episches Theater, das eine Neuordnung der „Elemente" propagiert, „funktionierte ästhetisch im bewussten Nebeneinander sowie in dialektisch erhellender Spannung auch als Gegeneinander. Dennoch bleiben sie synästhetisch ineinander verzahnt."[64] Hingegen habe Kurt Weill „zu großer Anerkennung für neue Musik- und Opernentwicklungen der Zeit" gefunden, „auch wenn sie nicht in die marxistische Ausrichtung sich einpassen ließen, wenn sie, auf Materialrevolution reduziert und nicht eine revolutionäre Veränderung der Gesellschaft gleichzeitig anstrebend, sich auf eine allgemein humanistische Grundhaltung beschränkten." Und so habe Weill etwa Schönberg gelobt, „bei dem er die Wagnertradition gerade in einer synästhetischen ‚Farbmelodie'

---

57 Eckart Kröplin, *Synästhesien*, S. 1275.
58 Eckart Kröplin, *Synästhesien*, S. 1301.
59 Eckart Kröplin, *Synästhesien*, S. 1313.
60 Eckart Kröplin, *Synästhesien*, S. 1358.
61 Eckart Kröplin, *Synästhesien*, S. 1387.
62 Eckart Kröplin, *Synästhesien*, S. 1392.
63 Eckart Kröplin, *Synästhesien*, S. 1419-1420.
64 Eckart Kröplin, *Synästhesien*, S. 1424.

fortgeführt sah".[65]

Kröplin fasst zusammen:

> „Die Revolution des Materials und die Revolution der Gesellschaft lagen in dieser Zeit so nahe beieinander, weil – unter welchen Vorzeichen auch immer – beiden Phänomenen gleich die Umwertung der künstlerischen wie sozialen Wirkungsstrategie von Synästhetik innewohnte."[66]

So kommt es in Kröplins 17. Großkapitel erneut zu einer „Begegnungen der Künste": Schönberg als Maler, mit „Rhythmen und Tonwerte[n] innerer Bilder", und die Musikalisierung der Malerei durch Kandinksy, dem in seiner Studentenzeit eine *Lohengrin*-Aufführung in Moskau „eine entscheidende Intention zur Synästhesie von Klang und Farbe, von Musik und Malerei vermittelt habe"[67] und der seine abstrakte Malerei als „Klang"-Malerei verstand.[68] (1447) Kröplin zitiert Kandinskys Tabelle der Zuordnungen von Farben und Instrumenten, laut Kröplin eine auffällige „synästhetische Korrespondenz mit Wagner". (1451). Auch der *Blaue Reiter* sei „tatsächlich ein herausragendes Manifest zur Synästhesie der Künste am Beginn des 20. Jahrhunderts".[69]

Ein eigenes Unterkapitel widmet der Autor Kandinskys „Bühnenkompositionen", entstanden im Auftrag Schönbergs für die Musikhochschule Leipzig. *Der Gelbe Klang* wird ausführlich dargelegt und erörtert, fortgeführt mit den Positionen der Maler Marc, Macke, Klee, Feininger und Kokoschka. Bei letzterem spielt die Beziehung zu Alma Mahler eine vielfältige Rolle und schafft damit den Bogenschlag zu Wagners *Parsifal* und zu Gustav Mahlers Symphonik, aber auch zum Schönberg-Kreis. Alexej von Jawlensky mit seinen Bildern als „Lieder ohne Worte", und Emil Nolde, mit seiner „Musik der Farben" bleiben nicht unerwähnt.
Dem schließt sich ein Kapitel über Cézanne, Matisse, Delaunay, Mondrian, die Futuristen und Munch an.

Erwähnung finden Paul Klee (der auch bei der skandalauslösenden Uraufführung von Siegfried Wagners „Herzog Wildfang" in München zugegen war), Matisse und Russolos Geräuschkunst (die wiederum in Siegfried Wagners *Banadietrich* Eingang gefunden hat).

Diverse Vor- und Rückbezüge schafft Kröplin zu Edvard Munchs Gemälde *Der Schrei*, zwar beücksichtigt der Autor, dass Munch mit der englischen Geigerin Evangeline Muddock (Künstlername: Eva Mudocci) liiert war, aber unerwähnt bleiben Munchs synästhetische Bühnenarbeiten für Max Reinhardt. Überhaupt gebührte Max Reinhardts synästhetischem Theater-Gesamtkunstwerk, umgesetzt mit einem unverhältnismäßig hohen, ja bisweilen geradezu überbordenden Musikanteil in seinen Schauspiel-Inszenierungen (und dies obendrein unter Berufung auf Wagner!) wohl auch ein Kapitel in diesem Buch.

Ein sechstes Unterkapitel, über Synthese und Synästhesie im Bauhaus, integriert die Vertreter des italienischen Futurismus, Arnaldo Ginna und Bruno Corra, mit ihren stummen „Farbendramen" auf einer Glühbirnen-„Farborgel", wobei hier Wagners Gesamtkunstwerk-Idee, „vermittelt durch Schriften von dessen französischem Propagandisten Edouard Schure"[70] Pate stand. Auch abstrakte Filme und Ludwig Hirschfeld-Macks Farbsonatinen, Lászlo Moholy-Nagys Ausstattungen als Bühnen-Architekt und Oscar Schlemmer mit dem *Triadischen Ballett* gehören zu jener Vielfalt einer neuen Kunst, als einer „Kathedrale des Sozialismus".[71]

Im siebten Unterkapitel, „Farbe-Ton-Forschungen", erwähnt Kröplin, dass sich die nationalkonservativ ausgerichteten *Bayreuther Blätter* „den neuen synästhetischen Forschungen, soweit sie auf Wagner bezogen waren", nicht verschlossen haben: „1916 bereits erschien dort eine Untersuchung von Max Seiling *Der Charakter der Tonarten in den Werken Richard Wagners* ... . Von [Richard] Hennig erschienen ... in den *Bayreuther Blättern* drei weitere Aufsätze: *Gibt es eine*

---

[65] Eckart Kröplin, *Synästhesien*, S. 1427.
[66] Eckart Kröplin, *Synästhesien*, S. 1427-1428.
[67] Eckart Kröplin, *Synästhesien*, S. 1443.
[68] Eckart Kröplin, *Synästhesien*, S. 1447.
[69] Eckart Kröplin, *Synästhesien*, S. 1457.
[70] Eckart Kröplin, *Synästhesien*, S. 1566.
[71] Eckart Kröplin, *Synästhesien*, S. 1575.

‚*Charakteristik der Tonarten'?*" (1917), *Farbige Musik und Musikphantome. Eine Betrachtung über das Wesen der ‚sichtbaren Musik°* (1918) und *Subjektive und objektive Tonarten-Charaktere* (1938)".[72] Ausführungen zu Aufsätzen Ernst Blochs schlagen den Bogen in die Zeit nach dem Zweiten Weltkrieg; sie beschließen das sechste Großkapitel und beenden zugleich den ersten Band des dritten Teils von Kröplins Arbeit.

Kröplins nächstes Großkapitel gilt den „Russisch-sowjetische[n] Wege[n]. Es beginnt mit einer Darlegung der Wagner-Rezeption in Russland im 19. Jahrhundert und Ausführungen zur Synästhesie bei Tschaikowski und wirft auch ein Licht auf dessen persönliche Wagner-Sicht.

Das zweite Unterkapitel widmet sich Alexander Skrjabin und Mikalojus Čiurlionis, die „in einzigartiger und höchst origineller Weise Synästhesie von Musik, Poesie und Malerei verwirklichten".[73] Vielfältig sind die Bezüge zu Wagner, so etwa, dass zur Druckausgabe von Skrjabins *Prométhée. Le Poème du Feu* für Orchester, Klavier, Orgel, Chor und Farbenklavier (1910) „der befreundete belgische Malersymbolist Jean Delville (der übrigens 1890 auch ästhetisch abgehobene Bildgestaltungen zu *Tristan* und *Parsifal* von Wagner vorgelegt hatte) eine eindrucksvolle Illustration in synästhetischer Musik-Licht-Metaphorik" geschaffen hat.[74] Obgleich Wagner für Skrjabin „ein geistiger Übervater"[75] war, kritisierte er Wagners Tonartenwahl im Sinne der Farbcharakteristik. Kröplin führt die Pläne zu Skrjabins *Mysterium* an, welches „Schopenhauer, Nietzsche, Wagner und Rudolf Steiner gedanklich aufgreifend und hypertrophierend ..., menschheitliches Endspiel und menschheitliche Reinkarnation zugleich, in einem kugelförmigen Tempelbau (zu dem Skrjabin auch eine Skizze hinterließ) in Indien ..., stattfinden" sollte.[76]

Kröplin untersucht anschließend Ivan Wyschnegradsky als „eine der eigenwilligsten und originellsten Künstlerpersönlichkeiten"[77] der Skrjabin-Nachfolge, welcher „den ‚Ultrachromatismus' der Töne durch einen ‚Ultrachromatismus' der Farben, also ein Zwölftonsystem durch ein Zwölffarbsystem ergänzte und beides – als unabweichliche Synästhesie – miteinander fest verband".[78]

Als „Mittler zwischen Romantik und Moderne" versteht Kröplin Čiurlionis' Doppelbegabung in der Synästhesie von Musik und Malerei, wobei der Autor hier umfangreich Wjatscheslaw Iwanow zitiert.

Den Bestrebungen von Matjuschin, Malewitsch, Prokofjew und Lourié gilt das nächste Unterkapitel, mündend in die von Wagner 1848 erstrebte, nun tatsächlich vollzogene Revolution. Daher galt „Wagner als Kunstgenosse"[79]. Eine Neuausgabe von Wagners *Die Kunst und die Revolution* in russischer Sprache wurde publiziert, und Wagners Werke standen auf dem Spielplan der russischen Opernhäuser. Der Regisseur Wsewolod Meyerhold „stellte 1929/1930 in Vorträgen zum Thema *Rekonstruktion des Theaters* sein von Wagner bezogenes Synästhesiekonzept zur Debatte"[80], aber es blieb Utopie.

Die Entwicklung der bildenden Kunst in Russland legt der Autor anhand von Kandinsky, Malewitsch, Matjuschin, Puni, Tatlin und El Lissitzky dar, zugleich zeigt er die theatrale Entwicklung Meyerholds auf und erläutert das zu Ehren der Oktoberrevolution konzipierte aber nur als Modell realisierte, gigantische *Denkmal der III. Internationale*, geschaffen „aus Eisen, Glas und Revolution".[81] (1717)

---

[72] Eckart Kröplin, *Synästhesien*, S. 1583.
[73] Eckart Kröplin, *Synästhesien*, S. 1629.
[74] Eckart Kröplin, *Synästhesien*, S. 1631.
[75] Eckart Kröplin, *Synästhesien*, S. 1629.
[76] Eckart Kröplin, *Synästhesien*, S. 1637.
[77] Eckart Kröplin, *Synästhesien*, S. 1646.
[78] Eckart Kröplin, *Synästhesien*, S. 1649.
[79] Eckart Kröplin, *Synästhesien*, S. 1686.
[80] Eckart Kröplin, *Synästhesien*, S. 1698.
[81] Eckart Kröplin, *Synästhesien*, S. 1717.

Das siebte Unterkapitel dieses Teils widmet sich Sergej Eisenstein, durch dessen Filme *Streik*, *Panzerkreuzer Potjomkin* und *Oktober* die junge sowjetische Filmkunst schlagartig Weltruhm erlangte. Später folgten seine Filme *Alexander Newski* und *Iwan Grosny*,

> „wo schon einzelne Passagen farblich gestaltet sind. Da war eine neue Welt künstlerischer Synthesen entdeckt: das vielfältige Miteinander von bewegtem und montiertem Bild, von Bild und Musik, von Schwarz-Weiß und Farbe".[82]

Zu ergänzen ist hier, dass Eisenstein bereits durch das rote Einfärben des Wimpels in *Panzerkreuzer Potjomkin* enorme synästhetische Wirkung erzielt hatte.

Einen wichtigen Beitrag zur Entwicklungsgeschichte der Wagner-Regie bietet das 8. Unterkapitel, „Stalins *Walküre* – Schostakowitschs Wagner", mit dem Schwerpunkt der – anlässlich des Deutsch-Sowjetischen Geheimabkommens – von Eisenstein höchst unkonventionell inszenierten *Walküre* in Moskau (Premiere: 21. November 1940). In diesem Kapitel sind Eisensteins persönliche Wagner-Eindrücke und auch seine Rezeption der *Edda* nachzulesen. Als Regisseur kreierte er, gemäß eigener Aussage, beim Feuerzauber eine „chromophone Verbindung der Ströme von Musik und Licht. Das Spiel der Lichtstrahlen. Die Magie gefundener Entsprechungen".[83]

Die Weltesche im ersten Aufzug war ein dreigeschossiger Lichtbaum mit Walhall in der obersten Etage, im zweiten Aufzug gab es kinetische Felsen. Akustisch sorgte eine „Radiofizierung des Saals" für einen Stereophonie-Effekt beim Walkürenritt" für Aufsehen.[84] (1739)

Streifzüge in die Literatur der ersten Hälfte des 20. Jahrhunderts bietet das um Hermann Hesse kreisende 19. Kapitel. Novalis und Hölderlin spielen hinein in seine Werke, und in *Demian*, als einer Adaption des *Hyperion* und im *Steppenwolf* betont Kröplin die Homoerotik und Synästhesie eines „magischen Theaters", wie „in einem Kaleidoskop einander überstürzender synästhetischer Sinneseindrücke und Sinnesverwirrungen zwischen Farben, Tönen, Düften, flirrenden Lichtern, verzerrten Klängen und phantastischem Dekor".[85] Kröplin führt Hesses homoerotisches Verhältnis mit dem Komponisten Othmar Schoeck an, der seinerseits auch Maler war. Ausführlich befasst sich Kröplin mit der Handlung des *Steppenwolf*, mit der inhärenten Parodie auf Brahms und Wagner, mit Hesses Gedichten und der Erzählung *Klingsors letzter Sommer*", über Klingsor, den Maler. Hier schlussfolgert der Autor:

> „Hesses Beschreibung des Selbstbildnisses erinnert überdeutlich an die visionären, in Angst und Grauen verzerrten Gesichter von Edvard Munch oder auch an die Schönbergschen Selbstporträts, die gemalt waren aus einer vergleichbar erschütterten Geisteshaltung."[86]

Haller, Klee und Kubin sind reale Bezugspunkte Hesses. Kröplin zitiert aber auch ausführlich die Wagner-Reflexionen dieses Dichters und folgert, auch aufgrund diverser Äußerungen Hesses zu Wagner: „Schwer also lastete der künstlerische Schatten Wagners auf Hesse."[87]

Im 20. Kapitel untersucht Kröplin anhand von Proust, Joyce und Musil die „Relativität von Zeit und Raum in der literarischen Wagner-Nachfolge".

Ausführlich widmet sich der Autor Prousts Homosexualität (als Prousts Partner erwähnt Kröplin den Komponisten Reynaldo Hahn, Bertrand de Fénelon und Oscar Wilde) und seiner literarischen Leitmotivik. Dabei habe Proust „kein synästhetisches ‚Gesamtkunstwerk' im Sinne Wagners" angestrebt,

> „kein Aufgehen der Künste ineinander, kein Verschmelzen von Wort bzw. Handlung, von Malerei, Architektur und Musik in einer theatralischen Präsentation [sondern er hat] Synästhesie erst nach der Zusammenführung literarischer, musikalischer, malerischer, architektonischer Elemente im Rezeptionsvorgang, d. h. in der ‚Korrespondenz der Sinne' des Rezipienten, entstehen [lassen], in einem Vorgang also, der allein aus dem Lesen, angeregt häufig durch den Appell auch an den Duft- bzw. Tastsinn, resultiert."[88]

---

[82] Eckart Kröplin, *Synästhesien*, S. 1729.
[83] Eckart Kröplin, *Synästhesien*, S. 1739.
[84] Eckart Kröplin, *Synästhesien*, S. 1739.
[85] Eckart Kröplin, *Synästhesien*, S. 1755.
[86] Eckart Kröplin, *Synästhesien*, S. 1777.
[87] Eckart Kröplin, *Synästhesien*, S. 1787.
[88] Eckart Kröplin, *Synästhesien*, S. 1810.

Mit Lesebeispielen belegt Kröplin, wie häufig Wagners Opern, die Proust nach eigener Aussage „fast auswendig" kannte,[89] in seiner Biographie und in seinen Romanen paraphrasiert werden. Musik- und Farbenbezügen zuhauf begegnet der Leser in James Joyces Roman *Ulysses*, und darin auch einer Parallelfigur zu Gottfried im *Lohengrin*.[90] Entsprechend zu Joyces Kommentar „Wagner stinkt nach Sex"[91], zitiert Kröplin die parodistisch sexistischen Szenen aus *Ulisses*. Kröplins 6. und 7. Unterkapitel gilt Musil, dessen Wagner-Hass und dessen „Leitfarben". Überdeutlich verweist dessen Motiv der Geschwisterliebe in *Der Mann ohne Eigenschaften* auf die Wälsungen.

Kröplin schließt seine ausführlichen Betrachtungen und belegenden Zitate zu Joyce ab, mit dem Fazit:

> „Und, so wie bei Hesse, Proust, Joyce, Mann und etlichen anderen ,Zeit'-Schriftstellern seiner Generation, waren auch für Musil „Aberrationen", um ... die Neymeyrsche Definition zu zitieren, Ausdruck nicht nur für sexuelle, sondern gleichermaßen für ästhetische Irritationen, die im Sinne einer weitgefassten Synästhesie-Konzeption Grenzüberschreitungen jeder Art markieren wollten, ja mussten, um der Zeit ein adäquates künstlerisches Bild entgegensetzen zu können."[92]

Nicht fehlen darf in einer derartigen Zusammenstellung das Werk von Thomas Mann, welches Kröplin ebenfalls akribisch untersucht, von den *Betrachtungen eines Unpolitischen*, über die *Buddenbrooks*, die Erzählung *Tonio Kröger* und die Romane *Der Zauberberg*, die Tetralogie *Joseph und seine Brüder*, *Der Tod in Venedig*, *Doktor Faustus*, sowie *Wagner und kein Ende*. Angesichts der umfangreichen Literatur zum Thema Thomas Mann und Wagner, vermag der Autor hierbei allerdings vergleichsweise wenig Neues zu Tage zu fördern. Den Schwerpunkt seiner Untersuchung bildet diesmal nicht die latente, aber in den Tagebüchern eingestandene Homoerotik, sondern die Synästhesien Manns.

Da Mann seine literarischen Erzeugnisse als „gute Partituren", als „Komposition" und seine „Kunst als tönende Ethik" bezeichnet hat, „setzte er sein Schaffen a priori in ein synästhetisches Licht".[93] Kröplin konstatiert den „synästhetische[n] Terminus einer ,symphonischen Musikalität', den Mann an Schopenhauer festmachte und den er als sinfonische Gestaltungsweise ja auch in seinen Romanen manifestieren wollte, andererseits der Hinweis auf einen ,metaphysischen Rausch' hin zu ,durchbrechender Sexualität'."[94]

Ausführlich analysiert Kröplin die inhärente Musik des Zwölftöner-Romans „Doktor Faustus". Manns Ausspruch, „Es ist viel ,Hitler' in Wagner", wandelt er zu „Es ist viel ,Wagner' in Mann."[95]

Ein häufiges poetisches Leitmotiv Manns, – „Kreuz, Tod und Gruft" – vermag Kröplin auf Nietzsche zurückzuführen, der – mit Bezug auf Schopenhauer und Wagner – formuliert hatte:

> „Mir behagt an Wagner, was mir an Schopenhauer behagt, die ethische Luft, der faustische Duft, Kreuz, Tod und Gruft etc."[96]

Kröplin fasst „Manns Verhältnis zu Wagner" zusammen: es „war tatsächlich ,ambivalent', in Sonderheit wegen seiner geistigen Prägung durch Nietzsche."[97]

Und er kommt zu dem Schluss:

> „Im Schatten Wagners' verblieb ... zeitlebens Thomas Manns dichterisches Schaffen. ... Wie seine Vorbilder in der Frühromantik, namentlich Hölderlin und Novalis, wie sein bewundertes und bezweifeltes Vorbild Wagner suchte Mann in ursächlich romantischer Geisteshaltung durch Nacht zum Licht zu kommen, suchte jenen Ton, der zum Licht führt, suchte Licht für sich und die Menschheit aus Musik zu gewinnen, wie – im dialektischen Widerspiel – Wagner Musik aus Licht als befreiende synästhetische Wirkungsstrategie postuliert hatte."[98]

---

[89] Eckart Kröplin, *Synästhesien*, S. 1811.
[90] Eckart Kröplin, *Synästhesien*, S. 1837.
[91] Eckart Kröplin, *Synästhesien*, S. 1839.
[92] Eckart Kröplin, *Synästhesien*, S. 1868.
[93] Eckart Kröplin, *Synästhesien*, S. 1880.
[94] Eckart Kröplin, *Synästhesien*, S. 1890.
[95] Eckart Kröplin, *Synästhesien*, S. 1920.
[96] Friedrich Nietzsche, *Betrachtungen eines Unpolitischen*, zitiert nach Eckart Kröplin, *Synästhesien*, S. 1872.
[97] Eckart Kröplin, *Synästhesien*, S. 1921.
[98] Eckart Kröplin, *Synästhesien*, S. 1931.

Da der Autor wohl selbst feststellen musste, dass sein Thema auch in einem rund 2000 Seiten umfassenden Werk nicht zu erschöpfen ist, unternimmt er in einem „Nachsatz" überschriebenen Schlusskapitel einen „Streifzug ins spätere 20. Jahrhundert". Darin spricht er über den Maler Joan Miró und über Salvador Dalí, der „in seinen Bildern ebenfalls immer wieder Beziehungen zur Musik aufscheinen" ließ. Kröplin erwähnt in diesem Zusammenhang auch Dalís Bühnendekorationen, verweist auf Synästhesien in den „zweimaligen, miteinander verwandten Bildserien *Die sieben Künste* und auf Dalís Umgestaltung des „ehemaligen Stadttheaters zu einem phantastischen ‚Teatro Museo Dalí'"[99], sowie auf Einzelbilder und auf den Zyklus zu *Tristan und Isolde*".

Eine Wagner-Äußerung von Joseph Beuys, Kompositionen von Bernd Alois Zimmermann, Olivier Messiaen, diverse Publikationen zu „Grenzüberschreitungen" der Künste, Kompositionen von Georg Friedrich Haas, sowie Neukompositionen von Georg Katzer und Friedrich Schenker zu Stummfilmklassikern von Hans Richter, Oskar Fischinger, René Clair, László Moholy-Nagy und Walter Ruttmann fehlen in diesem „Nachsatz" eben so wenig, wie der Hinweis auf Charly Chaplins Film *City Lights*, mit der vom Darsteller und Regisseur Chaplin selbst komponierten Musik. Der Schönberg-Schüler John Cage, György Ligeti, Mauricio Kagel, Luigi Nono, Karlheinz Stockhausen, Wolfgang Rihm, sie alle haben Beiträge zur Synästhesie geleistet oder zumindest entsprechende Gedanken formuliert, wie auch der Komponist Pierre Boulez, mit dem als Bayreuther Festspiel-Dirigent der Autor wieder den Bogen schlägt zur musikalischen Rezeption des synästhetischen Kunstwerks von Richard Wagner.

Eckart Kröplins eigenes Fazit lautet:

„Synästhesie – wesentlich initiiert und innoviert von der Romantik, von Wagner und der frühen Moderne – hat sich in der Post-Moderne, in der Kunst der Gegenwart, endgültig als künstlerische Maxime emanzipiert, ist zu einer bevorzugten und in vielfältiger Weise verwandten Struktur- und Denkweise in Musik, Malerei und Literatur geworden. Sie ist – und war – in eklatantem Ausmaß immer ein Reflex auf existentielle gesellschaftliche Fragen. Sie ist – und war – Kommentar, Protest und Suche nach befreiender Lösung. Synästhesie – in ihrem Wechselschritt von Licht aus Musik oder Musik aus Licht – hat sich in einem langwierigen, widerspruchsvollen, aber ungemein interessanten und lebendigen historischen Prozess zu einem Kontinuum der neueren und neuesten Kunstentwicklung erhoben."[100]

Mit seinem vierbändigen Opus Magnum legt Eckart Kröplin zugleich ein Wagner-Kompendium und ein Kompendium der Wagner-Rezeptionsgeschichte ganz eigener Art vor, – so etwas wie der Glasenapp des 21. Jahrhunderts und zugleich ein Wagner-Lesebuch, das komplette Gedichte Hölderlins ebenso integriert, wie sonst schwer zugängliche Texte von Alexander Block und Anatoli Lunatscharski. Originelle, auch bewusst provozierende Kapitelüberschriften verführen den Leser zum Nachlesen einzelner Kapitel dieser wissenschaftlich fundierten Arbeit, und Kröplins flüssiger und gut lesbarer Stil verführt den Leser, der in einem angebundenen Namensregister (in welchem allerdings László Moholy-Nagy vergessen wurde) schnell fündig wird, auch immer wieder zum Weiterlesen.

Was nun fehlt in diesem Opus Magnum, so weit es nicht in dieser Rezension bereits als Ergänzung am Rande erwähnt wurde? Unüberschritten bleibt bei Kröplin die Schwelle zur Unterhaltung, obgleich auch von dort zahlreiche Stränge zurückführen auf Richard Wagner.

Eine wahrhaft neuartige Synästhesie im Zusammenspiel der Künste schuf im Jahre 1901 Ernst von Wolzogen mit seinem ersten deutsches Kabarett, dem in seiner Namensgebung auf Nietzsche Bezug nehmenden *Überbrettl*. Kaum ein lebender moderner Dichter oder Komponist (darunter auch Zemlinsky, Thuille und Schönberg), aber auch bildende Künstler wie Koloman Moser, der keinen Beitrag für diese neue, sich im deutschen Sprachraum inflationär ausbreitende, neue Kunstform geschaffen hätte; innovativ war im Programm des *Überbrettl* insbesondere, das farbig illuminierte, live gesungene und vom Orchester begleitete Schattenspiel als eine Vorform des erotischen Farbtonfilms. Kurzzeitig wirkte am *Überbrettl* auch Arnold Schönberg als

---

[99] Eckart Kröplin, *Synästhesien*, S. 1933.
[100] Eckart Kröplin, *Synästhesien*, S. 1941.

Kapellmeister. Sein Vorgänger Oscar Straus schuf in seiner – geistig der Welt des der *Überbrettl* entsprossenen – Burlesken Operette *Die lustigen Nibelungen* eine eigenartige, auch synästhetische Paraphrase auf Wagner und antizipierte dabei zugleich heutige Regie-Praktiken: da Siegfried seine Tarnhelm gerade nicht zur Hand hat, knipst er einfach das Licht aus – und erzielt so die selbe Wirkung.

Peter P. Pachl

(Eckart Kröplin, *Richard Wagner - Musik aus Licht, Synästhesien von der Romantik bis zur Moderne, Eine Dokumentardarstellung*. Königshausen & Neumann, Würzburg 2011.
1984 Seiten (plus 4 mal XVII Seiten Inhaltsverzeichnisse) in 3 Teilen (4 Bänden).
Broschur mit Fadenheftung, Format 23,5 x 15,5 cm, ISBN 978-3-8260-4449-6.
€ 128,00)

Abstract:
Ausgehend von Tristans „Hör' ich das Licht?" und mit Richard Wagners Farb-Licht- und Raum-Zeit-Dramaturgie als Zentrum, spannt Eckart Kröplin den Bogen seiner Untersuchungen der Synästhesien von Licht und Musik, Farbe und Ton, Poesie und Klang, Töne-Sehen und Farben-Hören in den Künsten Musik(theater), Malerei und Dichtung von Hölderlin bis zu Schönberg, Kandinsky, Hesse, Joyce und Mann.
Synästhesie als künstlerische Innovation und als sozialrevolutionäre Provokation, von den Frühromantikern entworfen, wirkt – intensiviert durch Wagner – bis ins 21. Jahrhundert fort. Kröplins umfangreiche Arbeit zieht kaum oder noch gar nicht ausgewertete Dokumente heran und erweist sich als ein gut lesbares Meisterwerk interdisziplinärer Kunstbetrachtung.

Angaben zum Autor der Publikation:
Der in Dresden lebende Autor Eckart Kröplin ist Musik- und Theaterwissenschaftler. Lange Jahre wirkte er als Professor für Operngeschichte und Operndramaturgie an der Leipziger Theaterhochschule, später als Chefdramaturg an der neueröffneten Dresdner Semperoper. Er trat mit zahlreichen Publikationen, namentlich zu Richard Wagner, hervor und war an vielen Universitäten und Theatern des In- und Auslands als Gastdozent bzw. Gastdramaturg tätig.

Angaben zum Autor der Rezension (inkl. Publikationstitel):
Peter P. Pachl, 1953 in Bayreuth geboren, erhielt seine musikalische Grundausbildung im Gymnasium der Regensburger Domspatzen. Studium der Musik-, Theater- und Sprechwissenschaft an der Universität München. Inszenierungen an zahlreichen Bühnen des In- und Auslands, mit Werken des Musiktheaters von Gluck, Mozart, E.T.A. Hoffmann, Massenet, Thomas, Lortzing, Nicolai, Cornelius, Wagner, Verdi, Strauss, Pfitzner, Zemlinsky, Puccini, Schreker, Urspruch, v. Schillings, Strawinsky, Britten, Bernstein, v. Einem, Brandmüller, v. Bose, Kirchner, Müller-Siemens, Weir, Offenbach, O. Straus, Goggin und A. L. Webber sowie Schauspielen von Aristophanes, Lope de Vega, Ingrisch, Kane, Nestroy, Ramuz, Rosendorfer, Sartre, Schönthan, Schrader, Schünemann, Waechter und v. Wildenbruch.
1989 Professur für Opernregie in Hannover, anschließend Lehraufträge im Bereich Musik- und Musiktheaterwissenschaft in Weimar, Bayreuth, Wien und Bochum, sowie im Bereich Kulturmanagement u. a. in Weimar, Dresden, Hamburg, Hagen und Berlin; seit 2003 an der TU Berlin (Bühnenbild), seit 2004 an der TFH Berlin/ Beuth-Hochschule (Theater) und BTK (Dramaturgie und Drehbuch, Rhetorik).
Pachl ist seit 1980 Künstlerischer Leiter des pianopianissmo-musiktheaters münchen, war von

1990 bis 1995 Intendant und Verwaltungsdirektor des Thüringer Landestheaters, der Thüringer Symphoniker und der Rudolstädter Festspiele und von 1998 bis 2000 Stellvertretender Intendant und Chefdramaturg am Theater Hagen.

Publikationen:

Eine Oper aus Klanggebilden – die größte Choroper des 20. Jahrhunderts, Anton Urspruchs „Die heilige Cäcilia". In: Festschrift Hans Jaskulsky zum 60. Geburtstag. Berlin 2010.

„Im Lohengrin drangen wir ein", Hans Pfitzners Minutenoper „Café Lohengrin", in: Mitteilungen der Hans Pfitzner Gesellschaft. Neue Folge Heft 70, Tutzing 2010.

Komische Figur und Heiliger. Der Tod in den Opern von Siegfried Wagner, unter besonderer Berücksichtigung der Opern „Banadietrich" op. 6, „Sonnenflammen" op. 8, „Der Friedensengel" op. 10, und „An Allem ist Hütchen Schuld!" op 11, in: Jürgen Kühnel, Ulrich Müller und Oswald Panagl (Hg.): Katastrophe, Sühne, Erlösung, Der Tod im (Musik-)Theater. Anif 2010.

*"Friedens-Hymne" von Siegfried Wagner,*Partitur, Vorwort des Herausgebers, Berlin 2010.

"Das Unmöglichste von Allem" von Anton Urspruch, Partitur, Vorwort des Herausgebers, Berlin 2010.

"Der Trank der Unsterblichkeit" von E. T. A. Hoffmann, Partitur, Vorwort des Herausgebers, Berlin 2009.

Die „Schaubühne' in der Epoche des Freischütz, Theater und Musiktheater in der Romantik.,(Co-Autor), Anif/Salzburg 2009.

Musiktheater der Gegenwart, (Co-Autor), Anif/Salzburg 2008.

Hans Pfitzner und das musikalische Theater ,(Co-.Autor), Tutzing 2008.

Regietheater. Konzeption und Praxis am Beispiel der Bühnenwerke Mozarts. Mit einem Anhang zu Franz Schreker Die Gezeichneten, (Co-Autor), Salzburg 2007.

Unsichtbares Theater – Pfitzners Rundfunkbearbeitung seiner Oper „Der arme Heinrich", in: Mitteilungen der Hans Pfitzner-Gesellschaft, München 2006.

Traum und Wirklichkeit in Theater und Musiktheater, (Co-Autor), Salzburg 2006.

Lexikon des Klaviers, (Co-Autor), Laaber 2006.

Ein mit Schillers „Sehnsucht" verknüpfter Opernkosmos, in: Musik in Baden-Württemberg, Jahrbuch 2005, München-Berlin 2005.

Richard Strauss und das Musiktheater, (Co-Autor), Berlin 2005.

Das (Musik-)Theater in Exil und Diktatur, (Co-Autor), Salzburg 2005.

Das Fragment im (Musik-)Theater. Zufall und/oder Notwendigkeit, (Co-Autor), Salzburg 2005.

Siegfried Wagner-Kompendium 1, (Herausgeber und Co-Autor), Herbolzheim 2003

Maske und Kothurn, Stichwort: Verismo, (Co-Autor), Wien 2003.

Der Wert der Musik heute: Humanistische Idee versus Marketing, in: Musikologia, Athen 2003.

Ein Theater in Bewegung, (Herausgeber und Co-Autor), Hagen 2000.

Repertoire und Spielplangestaltung, (Co-Autor), Salzburg 1999.

E.T.A. Hoffmann, Jahrbuch, Bd. 5, (Co-Autor), Berlin 1997.

Hans Pfitzner - „Das Herz" und der Übergang zum Spätwerk, (Co-Autor), Tutzing 1997.

Enzyklopädie des Musiktheaters ,(Co-Autor), München 1995.

200 Jahre Theater in Rudolstadt – 200 Jahre Aufregung, (Co- Autor und Mitherausgeber), Rudolstadt 1994.

The New Grove Dictionary of Opera (Co-Autor), London 1992.

Opernführer (Co-Autor), Hoffmann und Campe, Hamburg 1990.

Siegfried Wagner - Genie im Schatten, erweiterte Neuausgabe: Langen Müller, München 1994

Siegfried Wagner - Genie im Schatten, Eine werkimmanente Biographie, Nymphenburger, München 1988.

Musik in Bayern, (Co-Autor), Tutzing 1987.

Oper heute, (Co-Autor), Graz 1985.

Oper und Operntext, (Co-Autor), Heidelberg 1985.

Großes Lexikon der Musik, (Co-Autor), Freiburg 1982.

Franz Schreker, (Co-Autor), Aachen 1984.

Wagners Werk und Wirkung, (Co-Autor), Bayreuth 1983

Wagner-Interpretationen, (Co-Autor), München-Salzburg 1982.
Erinnerungen des Bühnenbildners Kurt Söhnlein, (Herausgeber und Kommentator), Bayreuth 1980.
Franz Schreker - Am Beginn der neuen Musik, (Co-Autor), Graz 1978.
Siegfried Wagners musikdramatisches Schaffen, Tutzing 1979.
Herausgeber von Periodika, Arbeiten für Rundfunk und Fernsehen.